CW01506820

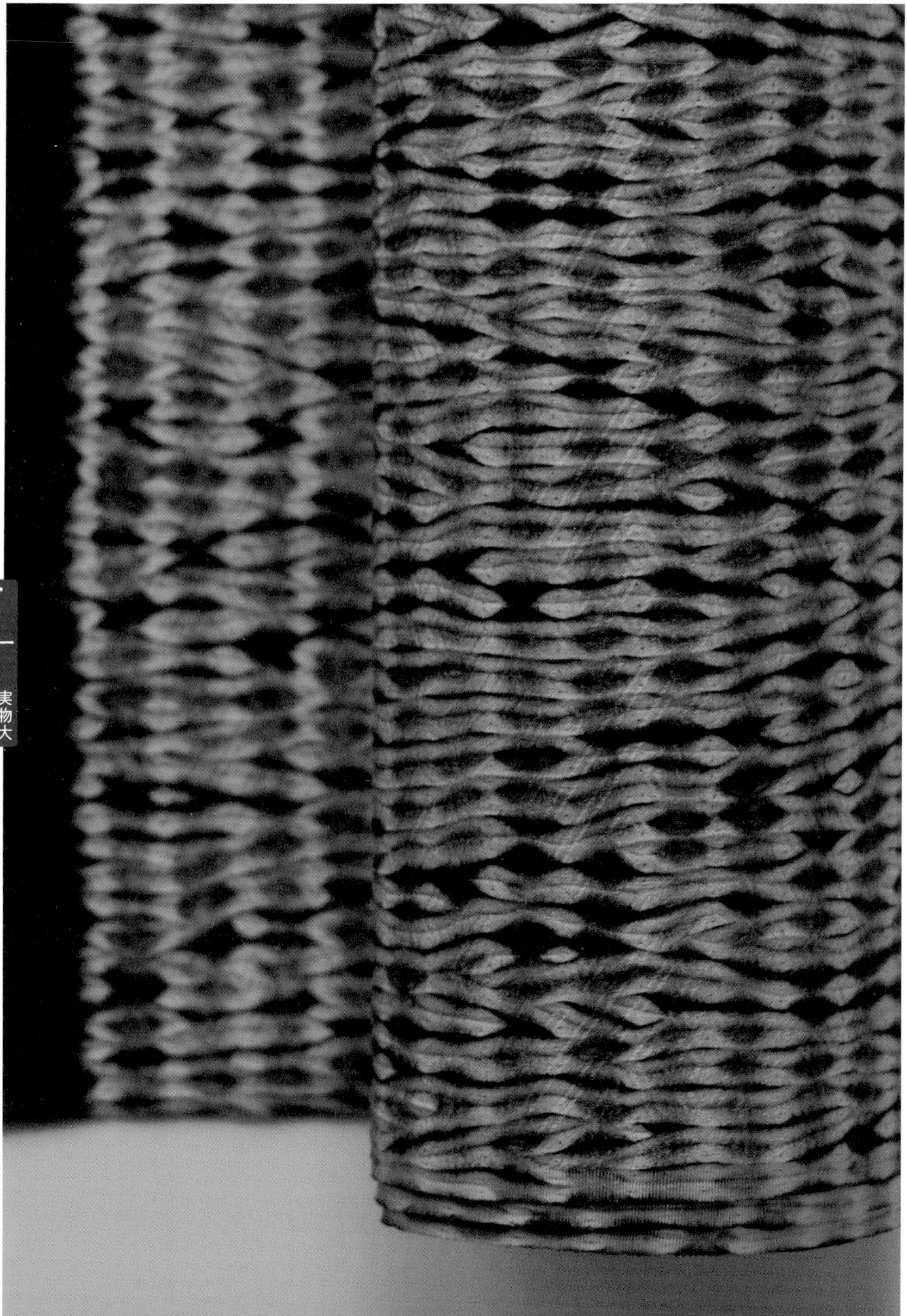

壱のツボ
生きている青を愛でよ

弐のツボ
柄は粋な遊び心

参のツボ
絞りに指先の感覚を味わう

藍染め

NHK「美の壺」制作班編

NHK 美の壺（つぼ）

目次

アートディレクション&
デザイン――おおうち おさむ（ナノナノグラフィックス）
スチール撮影――鈴木 心（AURA）
題字――紫舟
「ツボ」と「コラム」の執筆――矢島裕紀彦

「美の壺」を探しに――藍染め

木綿 日の出絞り テーブルクロス 竹田耕三作

きもの、浴衣はもとより、半纏に作務衣、のれん、風呂敷、幟旗、そしてジーンズやテーブルクロスにいたるまで、日本人の暮らしに深く根を下ろし、愛され続ける色、藍。

明治の初め、日本を訪れた外国人は、街にあふれる青い色彩に目を奪われたという。その強烈な印象は「ジャパン・ブルー」という言葉を生み出し、やがて日本を代表する色として定着していく。

藍染めは布を選ばずよく染まり、その染め色は、歳月を経ていよいよ青く、深みと鮮やかさを増す。また、生地それぞれに美しい風合いを引き出し、豊かな色相は、ときに優しく、ときに気品をたたえた表情で人々の気持ちに訴えかける魅力がある。

藍染めを鑑賞するための「三つのツボ」を知って、伝統の染布にひそむ美を再発見してみよう。

布それぞれに個性が光る
奥深き「青」の世界

縞帳（松岡未紗氏蔵）

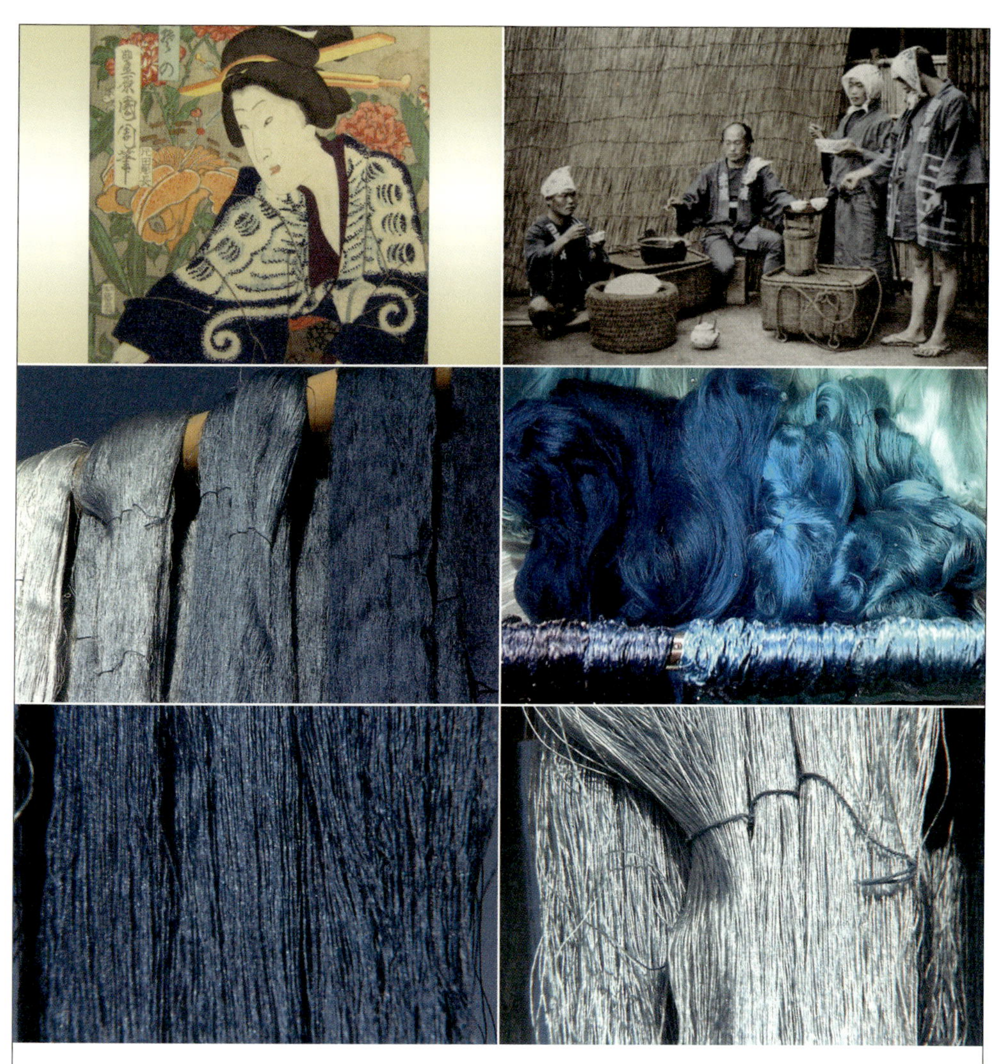

上右：明治初期の風景写真。街は藍の色にあふれていた／上左：江戸時代に庶民の間に広まった藍染めは錦絵にも頻繁に描かれた。豊原国周画（江戸後期、安藤宏子氏蔵）／中：藍は染め方によって濃淡さまざまな青をつくり出す／下右：透明感のある「浅葱(あさぎ)」／下左：青空のような「縹(はなだ)」

「ジャパン・ブルー」のはじまり

時は明治の初め。日本を訪れた外国人は、生活に用いられている布の多くが、青で彩られていることに目を引かれた。この青こそ、藍染めの色だった。

たとえば、明治七年(一八七四)、開成学校(東京大学の前身)に招かれた英国人教師のロバート・W・アトキンソンは、藍染めの衣服を着ている日本人があまりに多いのに驚き、『藍の説』(明治十一年)という一文を草し、藍を「ジャパン・ブルー」と表現した。

また、明治二十三年(一八九〇)に来日した英国人作家ラフカディオ・ハーン(日本名・小泉八雲)は、こんなふうに語っている。

「青い暖簾をした店も小さく、青い着物を着て笑っている人も小さいのだった」(『知られぬ日本の面影』)

彼らにとって、藍染めの青は、まさに日本の印象そのものだったのである。

そもそも日本人が藍で衣服を染めはじめたのは、飛鳥時代とされる。その深い青は、宮廷に仕える人々の衣服に用いられたという。

文献的には、平安期の禁中の年中儀式や制度などのことを記した『延喜式』(九〇五年編纂開始、九二七年撰進)が、藍染めに言及している日本最古のもの。藍の色を濃淡いくつかに分け、それぞれの色合いを出すための材料の按分を示した項目のなかに、「藍十圍」「乾藍二斗」などの記述が見える。ここで、「藍」とあるのは、生葉を揉み潰して水で薄めるなどして使用したものと推測されている(「圍」はひと抱えの刈り束を指す単位)。一方「乾藍」は、乾した藍葉を発酵させて染料にしたものだろう。

なお、この『延喜式』以前、『日本書紀』に「藍野の陵」、『古事記』に「藍の陵」という記述がある。これは、第二十六代継体天皇(在位五〇七~五三一年)の陵のことを指しており、直接は藍染めと関係ない。が、近辺で藍が栽培されていたことを示唆するという見方もでき、興味深い。

藍の特長とその歴史

藍は微妙な濃淡によって表情を変える。色の呼び名は数多く、「藍四十八色」という表現さえされる。甕覗（かめのぞ）き、水色、浅葱（あさぎ）、露草色、千草、縹（はなだ）、紺、褐色（かちいろ）、留り紺……。甕覗きは、甕のなかに汲み入れられた水を覗いたときの色で、ごくごく淡い水色。留り紺は、限りなく黒に近いけれど紺に留まっているというほどの意か。いずれにしろ、濃淡の色合いひとつひとつに名前がつけられるほど、藍染めは愛されてきた。

飛鳥時代や平安期には、人々は、華やかな澄んだ縹に染めた衣服を好んだ。それが、鎌倉、室町期を迎えると、「かち」という音が「勝ち」に通ずるとして、藍をより濃く染めた褐色が武家の間でもてはやされたという。

江戸時代になると、藍染めは、庶民の間にも広まっていく。藍染めが庶民に受け入れられた理由としては、どんな布でもよく染まることが挙げられるだろう。木綿、絹、麻、それぞれに美しい青の風合いを出すことができる。とりわけ、木綿との相性がよく、この時代、庶民の衣服として木綿が普及するのに背中を押され、藍染めが急速に浸透していった。布の耐久性を増すことも、藍染めの優れた特性だった。また、藍には、虫や蛇を寄せつけない成分が含まれているため、山や畑での仕事着にも適していた。

植物分類学の権威、牧野富太郎の著書『原色牧野和漢薬草大図鑑』にも、生藍の葉や乾燥葉、種子の生汁や煎じ液は、内服、外用で消炎、解毒、解熱、止血、虫さされ、痔疾（じしつ）、扁桃腺炎、喉頭炎などに効果があると記載されている。

「かつ」という音との語呂合わせから、武家の間で藍染めが好まれたことは先に述べたが、じつはその裏にも、藍の持つ止血・殺菌効果への着目があった。戦場に臨むとなれば、いつ負うか知れぬ矢傷に対処するためにも、鎧（よろい）の下には藍染めの衣類を着用するのが、常道とされたのである。

壱のツボ

生きている青を愛でよ

天然染料だからこそ生まれる
微妙な風合いの変化。
まずは「青の深み」に注目しよう。

裂織 胴着 背守り（松岡未紗氏蔵）

経年変化が味わいを生み出す

さて、いよいよここから、藍染め鑑賞のツボを探っていくことにしよう。

最初に、16ページ上段の写真を見てほしい。これは、名古屋の旧家に伝わってきた江戸時代の婚礼衣装。淡い青と、目の覚めるような明るい青を、重ねてまとったものである。

染められて百五十年以上経っているとは思えない鮮やかさ。じつは、藍染めには、時を経るごとに色が深くなるという特徴がある。まずは、この「青の深み」に注目していきたい。

同ページ中段に掲げた写真は、同じ方法で染めた二つの着物。左側が染めて三年、右側は二十年が経過したものである。

よく見くらべてみると、染めて三年のものは、少し赤みを帯びた青色。一方、二十年経ったものは、赤みがとれ、深い紺に変わっている。このように、時とともに深みを増していく青は、化学染料では出せない藍染めならではの色だ。

伝統的な工法で藍染めを手がけている藍染め師の矢野藍秀（らんしゅう）さんに、話を聞いてみた。

「藍は染まったあとも生きていますから、色が年を追うごとに落ち着いてくるんです。染まり上がってすぐというのも綺麗ですけど、少し赤みを帯びています。とくに、褐色といわれるような、濃いところまで染め込んだ場合には、その傾向がありますね。ところが、四年、五年と着ているうちに定着が進んで、赤みが徐々に抑えられて落ち着き、青みに変わっていく。そうして二十年も経つと、色に冴えが出てきて、より美しくなります。使い込むほどに深い青みを出す。それが本当の藍ですね」

ここに、藍染め鑑賞、最初のツボを見出すことができる。すなわち、『生きている青を愛でよ』ということである。

阿波の特産は暴れ川の恵み

生きた青の色の秘密を探るため、日本一の藍の産地として知られる徳島県吉野川流域を訪ねた。そこでは、現在も、昔ながらの方法で、藍の染料、いわゆるスクモ(蒅)づくりを続けている。

ところで、なぜ吉野川流域で藍なのか？　この問いに対する答えは、川そのものから導き出される。高知県の瓶ケ森山(かめがもり)付近に源を発し、徳島平野を西から東へ縫うように流れる吉野川は、関東・利根川の「坂東太郎」、九州・筑後川の「筑紫次郎」と並び、「四国三郎」のあだ名を冠された日本三大河川のひとつ。そして、昔から暴れ川として有名だった。

上流にわが国でも有数の雨の多い地域を抱え、両側には険しい山地が迫っている。台風が襲来する秋ともなれば、毎年のように洪水による氾濫が繰り返された。流域の農家の田畑も、当然、大きな被害を被ってきた。そうした風土で発達したのが、藍の栽培だった。

藍は、三月から四月に種が蒔(ま)かれ、収穫は七月。このため、台風による洪水の被害を心配する必要がなかった。また、逆に、繰り返される洪水によって、流域には、藍づくりに適した肥沃な土地が、いながらにして準備されることにもなった。

徳島藩も藍の栽培を保護・奨励し、藍商人による売り捌(さば)きをも推し進めた。こうして、この地の藍は、全国的に知られる特産物へと成長を遂げていった。「阿波藍」の誕生である。阿波徳島藩は、江戸時代、二十五万石とされていたが、この阿波藍のおかげで、実質は四十五万石とも五十万石ともいわれるほどであったという。

と書くと、藍の栽培は、簡単なもののようにも映るが、そこは違う。「藍の種蒔き、生えたら間引き、植えりゃ水取り、土用刈り」と俗謡に歌われたように、短い間に手間隙がかかり、むしろ労働は過酷だった。藍作農家には娘を嫁にやりたくない、というのが、その頃の親たちの思いであった。

壱のツボ 壹

生きている青を愛でよ

上：江戸時代の婚礼衣装。退色しにくい藍は150年以上経った現代でも鮮やかな色を留めている／中：藍染めには、経年変化で色の深みを増すという特徴がある。写真は同じ方法で染めた着物だが、左は染めて3年、右は20年のもの／下：3年のもの（左）は少し赤みを帯びているが、20年経ったものは赤みがとれ、深い紺に変わっている

こまやかな刺子の跡は
藍に浮かび上がる手のぬくもり

刺子 仕事着 筒袖（松岡未紗氏蔵）

藍の生み出す気品と格調は
伝統の様式美と調和する

木綿絽地 折花絞り 市松文様 単着物 竹田耕三作

色鮮やかな吉祥文様に
漁師の願いを染め抜いて

筒描 万祝着(大漁着) 三人ばやし文様(松岡未紗氏蔵)

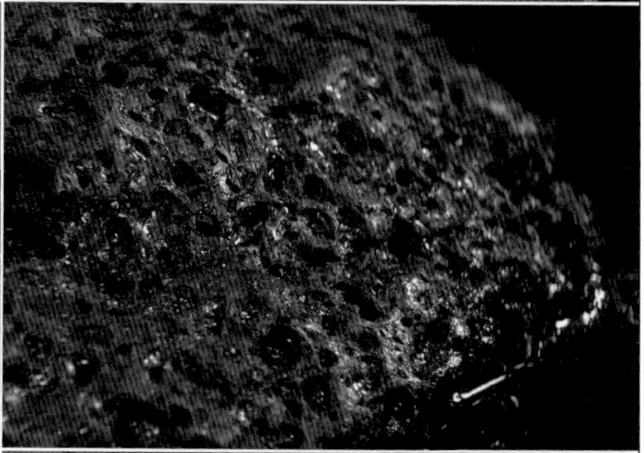

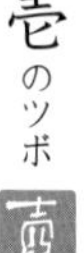

上：藍の染料となるスクモづくりの様子／中右：染料液となっても発酵し続ける藍は表面に気泡を盛り上げる。これが「藍の華」だ／中左：染色した布は最初は緑色。空気に触れて酸化することでしだいに青く変わる／下：藍で染められた徳川家伝来の着物（江戸時代初期）

「藍の華」に愛情を込めて

さて、藍の染料、スクモに話を戻そう。

スクモづくりが行われるのは、秋から冬にかけて。夏に穫れた藍の葉を天日に干して乾燥させ、作業場に積み込み、およそ百日の日数をかけてゆっくりと発酵させていく。こうすることで、藍の葉に含まれる色素が出やすくなる。

発酵した藍の温度は七十度。もうもうと湯気が上がる。藍が生きている証拠である。藍師の佐藤昭人さんは言う。

「藍は生きています。元気に生きていますので、愛情をもって育てていく。そうしたら、ええ色が出る」

言葉通り、藍の様子を見守りながら、水打ち、切り返し(攪拌)、筵かけなど、丹念な仕事が続く。

やがて染料液になっても、藍はまだ発酵を続ける。「藍の華」と呼ばれる、あぶくが出るのはそのためだ。発酵によって藍の色素がどんどん溶け出し、花のように盛り上がってくるのだ。

「藍液は生き物と一緒で、日々刻々変化しています。その時々の状態が、藍の華を見ればわかる。人間でいうと表情みたいなものですね。華を見れば、その液の性格というか、染まり具合、色上がりまで、おおよその見当がつきますね」(前出・矢野藍秀さん)

藍の色は、染めた直後も変化する。染料液に浸した布は、最初は緑色をしている。それが、空気に触れることで酸化し、だんだん青い色に変わってくる。さらに、染めを重ねることによって、いっそう濃い青色が出てくる。

その後、藍の色素は、五年、十年という長い時間をかけて繊維の奥にまで入り込み、やがて深みのある色として定着する。徳川家に伝わる江戸時代初期の着物(右ページ下写真)。三百年以上経った今なお、鮮やかさと深みを感じさせる。生きている藍が生み出した日本の色。長い時を経てもなお、青の深みを湛え続けるのである。

何度も水をくぐったであろう仕事着に
なお残る青の味わい

型染 半襦袢（仕事着） 鯉文様 筒袖 白地（松岡未紗氏蔵）

描かれた異国の図柄に
藍染めの広がりを感じ取る

スンバ島（インドネシア）巻衣（松岡未紗氏蔵）

column

藍は国境を越えて

「ジャパン・ブルー」という呼称まで生んだ藍染めだが、もとをたどれば、日本のオリジナルではない。その技術は、中国から伝来したものと考えられている。

中国湖南省長沙で、前漢時代（紀元前二世紀）の馬王堆一号墓から出土した遺物のなかには、藍で染めた織物が多数含まれていたという。また、紀元前一世紀頃の古書『礼記』に、「民に令して藍を刈り以て染むることを毋しむ」という記述がある。為政者が庶民に、藍染めのための藍の収穫を禁じた、との内容。貴族階級が、美しい藍染めを独占しようとしたのだろうか。

日本や中国で利用されている藍は、タデ科の一年生草木。原産地はインドシナ半島北部とされる。藍にはほかにも多くの種類があり、染色としても古くから各地で使われてきた。なかでも、もっとも有名なのは、インド原産のマメ科の灌木であるインド藍、インディゴであろう。

世界各地の古代の遺跡から、藍は見つかっている。

エジプトのテーベ古墳から発掘された紀元前二〇〇〇年頃のミイラには、藍で染めた麻布が巻かれていた。南米アンデス山系では、紀元前二、三世紀頃に栄えたパラカス文明の遺跡から、藍染めの木綿布が発見されている。また、古代インダス文明のモヘンジョダロ遺跡では、石の染色槽にインディゴの青色が付着していたという。

ヨーロッパでも古くからアブラナ科の藍の一種ウォードを栽培して、染料に使っていた。ところが、大航海時代が到来すると、アジアから、香辛料とともにインド藍がヨーロッパに運ばれ、ウォードを押しのけてその使用が広まった。そんなヨーロッパからやってきたアトキンソンやハーンが、日本の藍に目を奪われたのは、母国で目にしていたのとは異なる強いインパクトを、その色合いやデザインから感じ取ったためだろう。

弐のツボ

柄は粋な遊び心

藍と白。わずか二色で染め抜いた
巧みな図案も魅力のひとつ。
洒脱で愉快な文様を愉しもう。

筒描 夜具地 牡丹と万年青鉢鑑賞文様(松岡未紗氏蔵)

隠し文字を読み解こう

つぎは、藍染めの柄に注目してみたい。

江戸時代、藍染めが庶民の間に広まるとともに、たくさんの遊び心あふれる柄が生まれた。「藍」で染めた部分と「白」の部分を巧みに使い分け、わずか二色で豊かな世界を表現したのだ。

その道の通、藤山新太郎さんにその楽しみ方を聞いてみた。藤山さんは、普段から藍染めの着物を粋(いき)に着こなしながら、江戸の手品、手妻(てづま)を現代に伝えている。

「藍染めというのは、第一に色そのものが素晴らしくて江戸っ子に支持されたのですが、そのうち、いろいろな柄が工夫されるようになって、その柄の面白さを着るようになったんです」

藤山さんは、そう話す。

「浴衣なんか、とくにそうですが、柄の楽しさなんですよ。通常は、花やおめでたい文字が書いてあるパターンが多いですよね。ですが、だんだん世の中が発展してくると、江戸っ子ってのは洒落心を考えるようになってきましてね。そこに隠し文字が入ったり、あるいは役者の名前がさりげなく柄のなかに隠れて書いてあったりして。まあ、君は知らないだろうけど俺は知っているんだぞというところが、遊び心につながっていく。柄に遊び心を込めるわけですよね」

藍染め鑑賞、二つ目のツボは、ここに求められるだろう。「柄は粋な遊び心」、というわけである。

それでは、実際に、柄に隠された江戸の遊び心を読み解いていこう。

たとえば、「まさかり」の絵と、絵画的に崩した「琴」の字、そして「菊の花」の絵。これを組み合わせた柄は、何を意味しているのだろうか。

まさかりは、古語では「よき」という。そのあとに、琴と菊が続いて、「良き事聞く」。喜び事や、めでたい出来事に出会う楽しさ、ちょっと華やいだ気持ちを表現したのである。こんな柄の着物を身につければ、気分も自ずと明るくなるだろう。

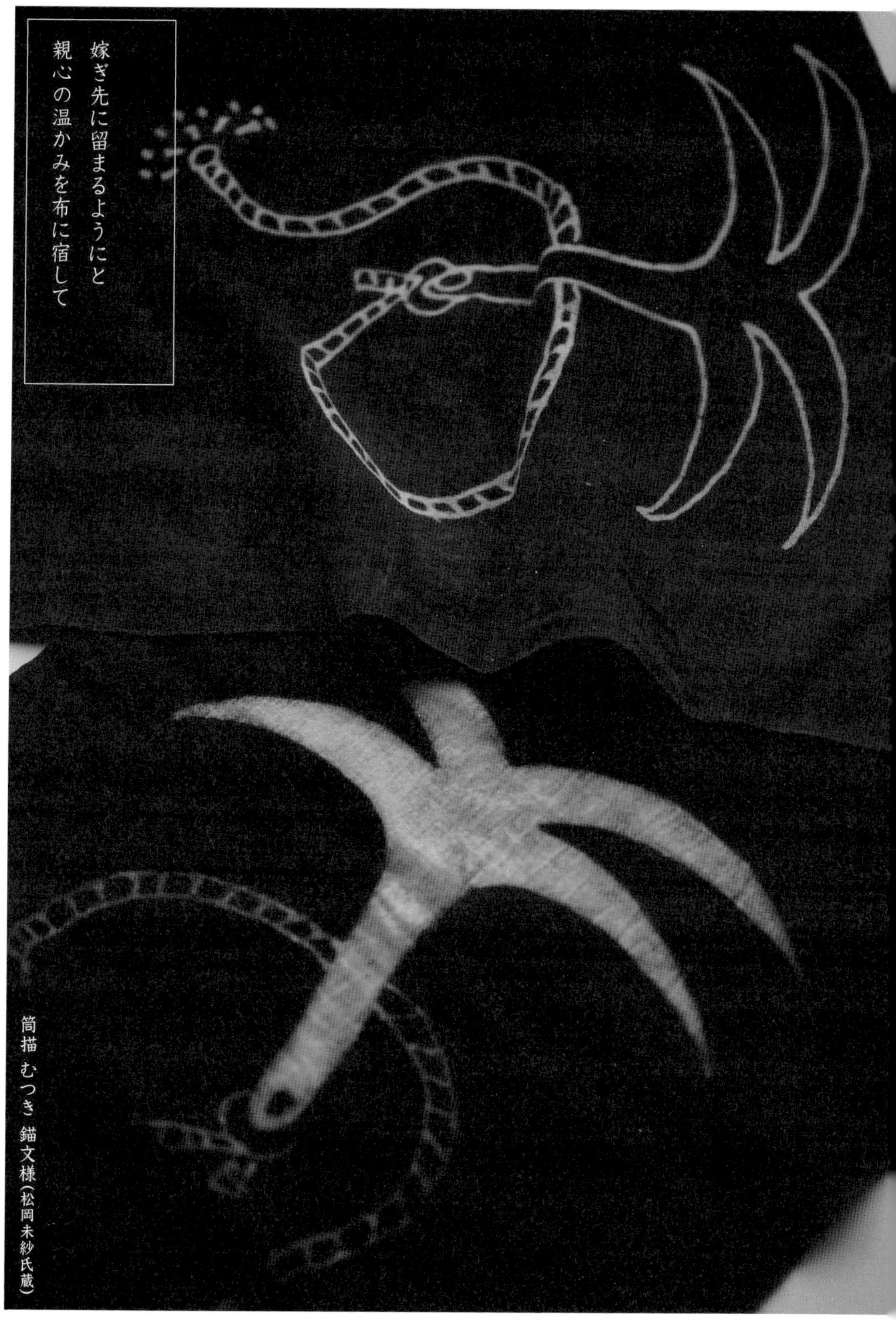

嫁ぎ先に留まるようにと
親心の温かみを布に宿して

筒描　むつき　錨文様（松岡未紗氏蔵）

松竹梅と吉祥の海老、
見立ての意匠は和工芸の真髄

筒描　夜具地　海老どり松と竹梅文様（松岡未紗氏蔵）

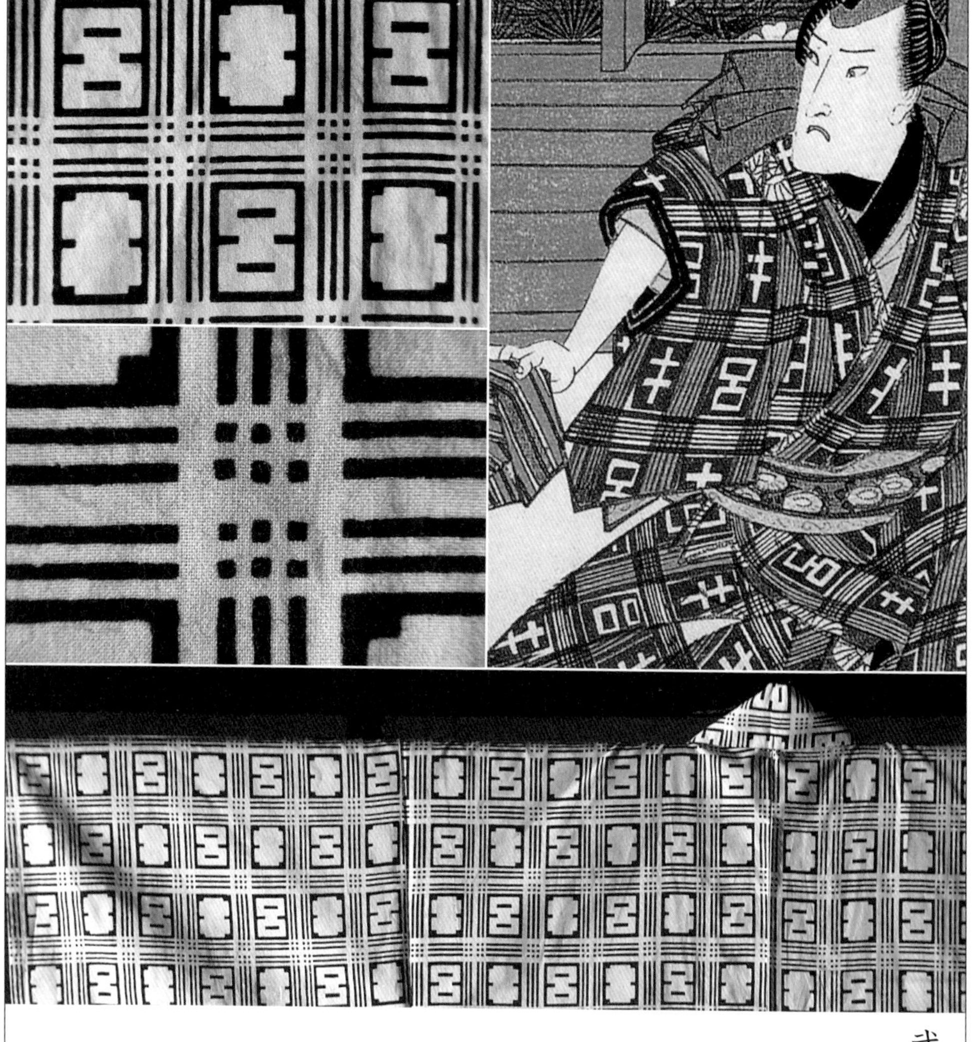

弐のツボ 意

柄は粋な遊び心

上右：「花雲艶街下駄傘（三代目尾上菊五郎）」歌川国安画（たばこと塩の博物館蔵）／上左・中・下：粋を好んだ江戸の洒脱さは、歌舞伎をはじめとした芸能の世界によく表現されている。「キ」「呂」の2文字と格子文様を組み合わせ、「きくごろう」の意を巧みに判じ物としたこの図案などはその代表例といえるだろう

柄に込められた江戸の粋とは

歌舞伎役者にちなんで生み出されたデザインもある。右ページの写真は、三代目尾上菊五郎が考案したと伝えられるもの。片仮名の「キ」と漢字の「呂」の間に、白い線で横五本、縦四本の格子文様。五と四を足して九、それに横五本の五。続けて読んで、「きくごろう」となる。

同様に、一本の太い横縞と、細い六本の縦縞、これに平仮名の「ら」を組み合わせれば、いち、む、ら。こちらは、市村羽左衛門のことを意味している。

柄に込められたこうした謎を、解けるか否か。解ければ洒落者、解けぬ奴は……。秘かに通ぶりを競う江戸っ子たちの心根がうかがわれる。

ただし、どんなにお洒落な柄でも、これ見よがしに見せびらかすのは野暮として嫌われた、とも藤山さんは指摘する。

「江戸の文化の面白いところは、ひけらかさないことなんです。柄も露骨に見せるのではなくて、たとえば襟元や袖口から何かの拍子にチラッと覗く。チラ見の文化とでもいえましょうか。そうすると、『おっ、あれはあの柄じゃないか』と。それで、『この人は趣味がいいな』とか『遊び心があるな』と感じ取る。垣間見た柄から、その人が言わんとしているところを読み取っていく。それを粋としたわけです」

一方で、藍染めの柄には、人々の願いも込められていた。千点以上の藍染めを収集する松岡未紗さんに、コレクションを見せてもらった。

「柄と申しますか、文様ですね。本当にさまざまでございまして。分類いたしますときには、植物とか動物とか幾何学とか、生活に属したもの、といったふうに分類はいたしますけれど、本当に思いがけない発想のもとに文様が生み出されておりまして、とても驚くんですよ。それぞれの文様に背景がございまして、人間の生活のなかの物語が見え隠れしております」

松岡さんは、そう語る。

豊かな感性は
つくり手の素朴さを写し取る

柳の枝に何度も飛びつく蛙の姿に、書への精進を開眼したという平安時代の書家、小野道風。その物語を図案化したのが写真の二つの布である。同一のモチーフながら下絵に巧拙があり、作者もこれでは理解されないと覚えたのか、左ページのものは「小の、道風」と文字を入れている。素朴さを伝える一品。

絵絣 夜具地 小野道風文様(松岡未紗氏蔵)

藍染めに、思いを託して

実物を見てみよう。左ページ上・中右に掲げる写真は、婚礼のお祝いに贈られた風呂敷。つがいの鶴の柄が描かれている。一方の鶴のくちばしは開き、もう一方は閉じている。これは「阿吽（あうん）」の呼吸を表し、夫婦仲睦まじく暮らしてほしいという意味を表している。

同ページ中左の写真は、子供を背負うために使われた帯。柄の宝袋は、「子孫繁栄」を意味している。幼くして亡くなる子が多かった時代、末永く健康に育つようにと、誕生祝いに贈られたという。

ユニークな形の茶道具が描かれた、掛け布団の生地もある（同・下写真）。ことあるごとに、贅沢が戒められた江戸時代では、茶の湯もたびたび禁止された。この布団にくるまって、せめて夢のなかで茶の湯を楽しみたい。そんな思いが伝わってくるようだ。

「江戸時代には、本当にたくさんの制約がございました。庶民はそれにもめげないで、より幸せな生活とか、より豊かな生活を願って、藍染めの柄に思いを託したようです」（松岡さん）

もうひとつ、ご祝儀のために染め上げられた寝具も見てほしい（32・33ページ写真）。縁起のいい、二匹の巨大な海老が描かれている。しかも、よく眺めると……。海老の尻尾が松。胴体は梅の花。そして、足は竹。おめでたい松竹梅を、布いっぱいに表している。

こう見てくると、いずれもが藍と白のコントラストだけで描き出されていることに、あらためて驚嘆する。

「定められた色、制約された色と後世の人たちは伝えていますけど、今から思いますと私は、与えられた色ではなかったかなと考えます。江戸時代の人たちは素晴らしい感性で、その与えられた色を使いこなし、豊かに花開かせたのです」

と、松岡さん。

青と白だけで表現された藍染めの文様。そこには、たくましく生きる江戸の庶民の思いや遊び心、洗練された美的センスが隠されていたのである。

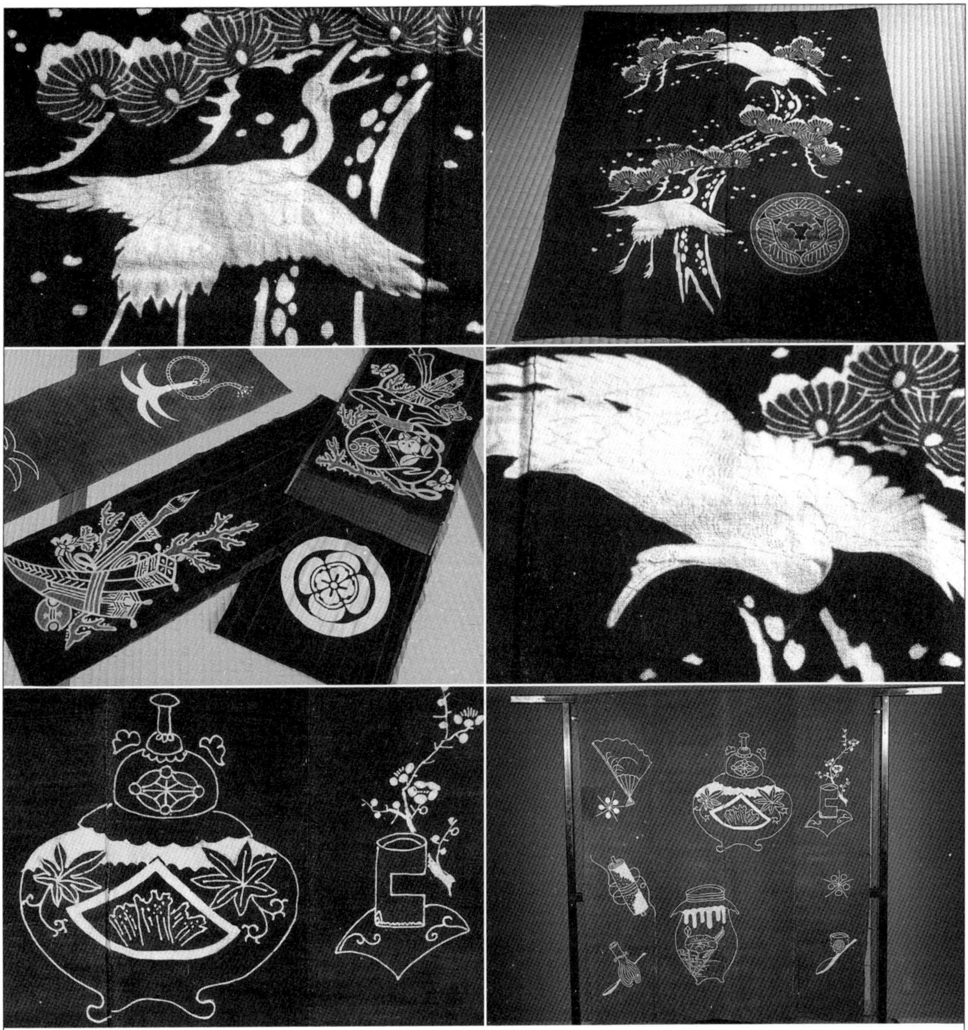

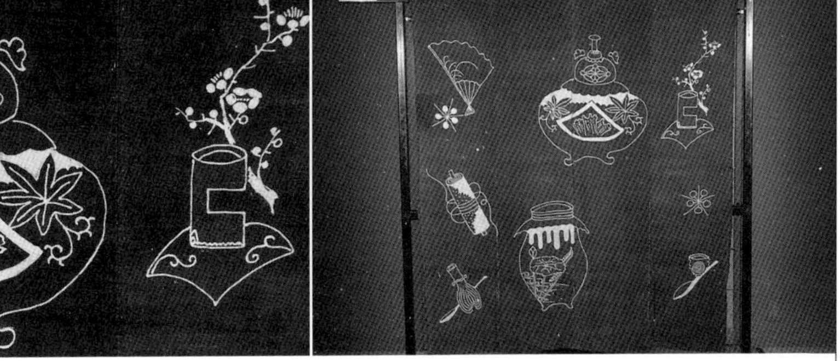

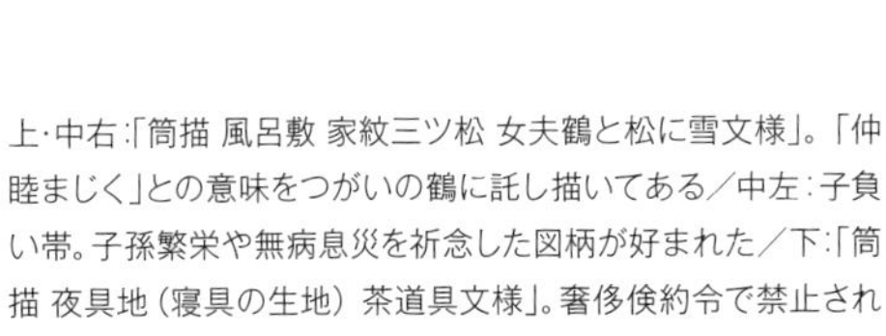

弐のツボ

柄は粋な遊び心

上・中右：「筒描 風呂敷 家紋三ツ松 女夫鶴と松に雪文様」。「仲睦まじく」との意味をつがいの鶴に託し描いてある／中左：子負い帯。子孫繁栄や無病息災を祈念した図柄が好まれた／下：「筒描 夜具地（寝具の生地） 茶道具文様」。奢侈倹約令で禁止された茶の湯をせめて夢のなかで楽しみたい、そんな願望が図柄に込められた（以上、松岡未紗氏蔵）

見事な文様を描き出す
技とセンスは誇るべき文化

筒描　夜具地　鶴丸と橘文様（松岡未紗氏蔵）

型染　夜具地　女夫八重菊文様（松岡未紗氏蔵）

現代のドット絵に通じる
絵絣の幾何模様

絵絣 夜具地 熊本城と寿楽文字文様（松岡未紗氏蔵）

column

正倉院に伝わる大仏ゆかりの藍

奈良・東大寺の正倉院。校倉造りで知られるこの建物は、聖武天皇の遺愛品や東大寺の至宝類などを保管してきた倉庫である。

大正年間には、森鷗外が、この正倉院をくり返し訪れている。宮内省帝室博物館総長兼図書頭として、宝物の曝涼（虫干し）に立ち会うためであった。奈良に滞在して正倉院に通いながら、鷗外は雨の降るのを秘かに心待ちにしていた。雨の日には曝涼ができないため、自由な時間ができる。そこで、鷗外は、寺めぐりをするのであった。その頃の鷗外が詠んだ一首。

「晴るる日はみ倉守るわれ傘さして
　巡りてぞ見る雨の寺寺」

正倉院宝物のなかに、ちょっと珍しい紐がある。絹糸を撚り合わせた直径五ミリの紐で、長さは百九十八メートルに及ぶといわれる。紐に付属する紙箋には、「開眼縷一条　重一斤二両大　天平勝宝四年四月九日」と墨書されている。すなわち、今から一二五〇年ほど前の天平勝宝四年（七五二）、東大寺の大仏開眼供養会の折に使用されたものなのだ。その名を「縹縷」という。「縹」の一字が示すように、濃い藍色に染められている。

一体、この紐、どのような使い方をしたのか？

開眼供養会では、画竜点睛よろしく、インドの渡来僧菩提僊那が筆墨をとって大仏に眼睛を点じた。このとき、紐の片端を筆に結び、長くのばした。そうして、参集した人々が紐を手に取り、開眼の功徳に浴したのである。歌舞や音曲にも彩られたこの儀式への参集者は、九千八百人にも上ったという。彼らの目に、「縹縷」の藍色は、有り難くも尊いものに映じていただろう。

帝室博物館総長の鷗外が、この藍染めを目にして讃歎の声をもらす場面があったかどうかは、定かでない。

参のツボ

絞りに指先の感覚を味わう

にじみが生み出す繊細な立体感と
皺がもたらす独特の質感。
極上の技法による藍の美を堪能しよう。

木綿 横三浦（平三浦）折縫と根巻絞り千鳥文様 浴衣

藍を引き立てる極上の「にじみ」

柄や文様は、染め抜くことによって生み出される。染めようとする生地に型紙などを使いあらかじめ部分的に糊（のり）を置いて、藍につけても染まらないところをつくるわけだ。

糊を置く際、細い筒先から防染糊を絞り出しながら布地に文様を描くようにしていくやり方もある。その布地を藍甕（あいがめ）に浸したあと、糊を洗い流すと、描いた文様の部分が白く浮き上がってくる。これが「筒描（つつがき）」という技法で、このようにして染められた布自体も「筒描」と呼び習わされている。

糊を使わず、生地の一部を糸で縛ったり、括（くく）ったり、縫ったりして、染料に染まらないようにする方法もある。これがいわゆる「絞り染め」で、にじみをうまく活かした代表的な藍染めの技法のひとつだ。

絞りは、藍の味わいがもっともよく出る染め方ともいわれ、日本には、百種類以上の絞り染めが伝わっているという。

絞りの技法を長年研究してきた絞り染め作家の安藤宏子さんに、代表的な方法を披露してもらおう。

まず親指を使って布地を折り畳み、糸で縛り上げる。この状態で染料液に浸し、染め上げると、くねくねとうねる「山道（やまみち）絞り」が出来上がる。続いては、放射状に襞（ひだ）をつくり、細い板で挟んで縛る。これを染め上げると、浮き上がってくる文様は、見事に咲いた菊の花。「菊花（きっか）絞り」の出来上がりだ。

作り手は、こうしたさまざまな文様の仕上がりを想像しながら、布を絞っていく。安藤さんは言う。

「絞り染めというのは、機械でやるものではなくて、ほとんど全部、手の指先でやるものなんですね。布を縛り上げたり、折り畳んだり、縫ったり。括るときにちょっとひねったりとか……。ですから、同じ柄でも、全部、その人の指先の感覚によって文様が微妙に変わってくるわけですね。それが、絞りのいいところ、味わいじゃないですか」

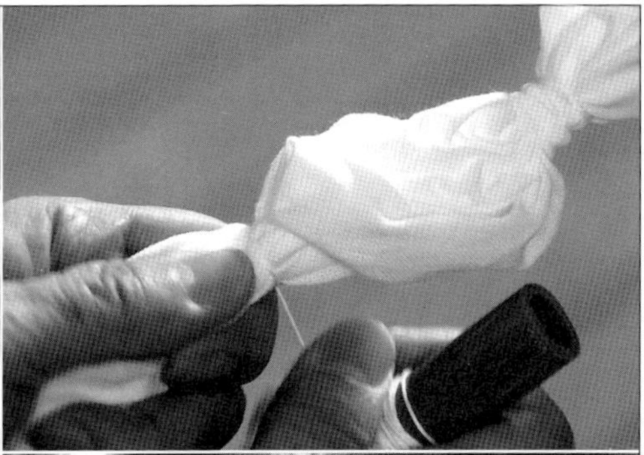

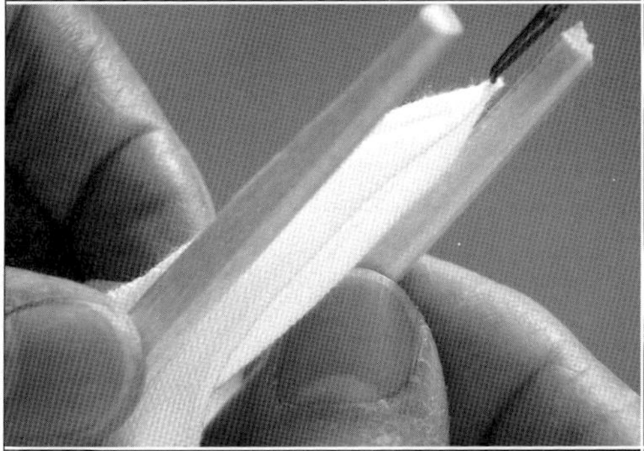

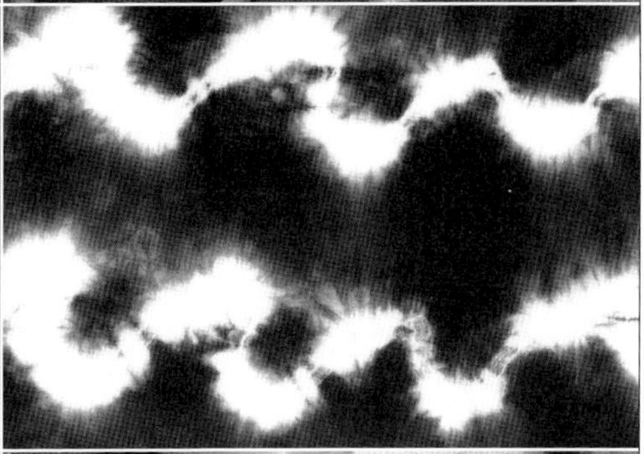

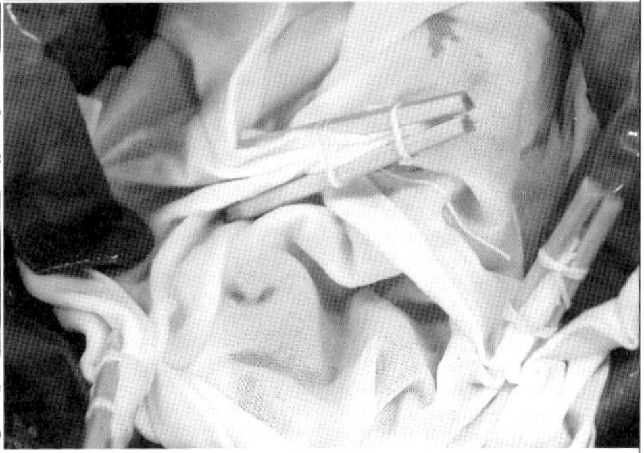

参のツボ

絞りに指先の感覚を味わう

上：絞りの技法を紹介しよう。布地を折り畳んで糸で縛り、それを染料液に浸す／中右：すると、くねくねとうねった文様が出来上がる。これが「山道絞り」／中左：今度は放射状に襞をつくり、細い板で両側を挟んで縛る／下：染料液で染めると、菊の花弁が開いたような「菊花絞り」が出来上がる

二度と出会うことのない
にじみと皺が人の心を惹きつける

絹 帽子・人目鹿の子絞り 訪問着 竹田耕三作

木綿　折縫と巻上絞り　風神雷神図　屏風　竹田耕三作

「偶然」が美の味わいを演出する

藍染め鑑賞、最後のツボは「絞りに指先の感覚を味わう」ということ。

「絞り方、締め方、糸の括り方、また、その強さでも出来上がりは変わってきます。染料の浸透具合がちがってくるんですよ」

安藤さんは、そう続ける。

「絞りというのは、言い換えれば、皺を寄せるわけですが、一回、二回、三回と藍甕に浸して、その皺にどのように染料が入っていくか。その具合によって文様ができる。ですから、同じような絞りを試みても、同じものができない。計算して括って染めているのですが、開いてみると、予期せぬところに染料が走ったりしますから。でも、それが逆に、作品としてとても面白かったりする。『偶然の美』みたいなものですね。たとえば、陶芸の世界でも、最後、窯(かま)を開けてみるまでわからないという面白さがあるでしょう。絞り染めにも、それと同じようなことがあるんです」

焼物における窯変(ようへん)(焼生中、素地や釉薬に変化が生じて変色したり、形がゆがんだりすること)と同じような効果が、絞り染めにも現れるというわけだ。

さて、ところは変わって、日本有数の絞り染めの産地、名古屋市の有松(ありまつ)。ここに、究極ともいうべき絞り染めが残っている。「三浦絞り」である。

びっしりと埋めつくされた斑点文様(左ページ写真)。着物一枚で一万個以上になる。江戸時代、上品な風合いの三浦絞りは全国で流行し、武士から庶民まで広く親しまれた。この三浦絞りは、別名「ぶんご」ともいう。もとをたどると、豊後国(現在の大分県)の三浦某またはその妻から、その技法が伝えられたのだという。

『尾張寛文記』には、こんな一文も読める。

「元禄九年子に初めて江戸へ下りし時、有松を通る。以前は志ぼり染をする家二、三軒も有しに、今は村中は右のこんやになり、日本国へ出し、いにしへの豊後志ぼりハ、何のさたもなくなりし」

万を超す「しぼ」が
可憐に咲き乱れる超絶の技

木綿 横三浦（平三浦） 浴衣地（反物）

木綿 蜘蛛入り柳絞り 浴衣

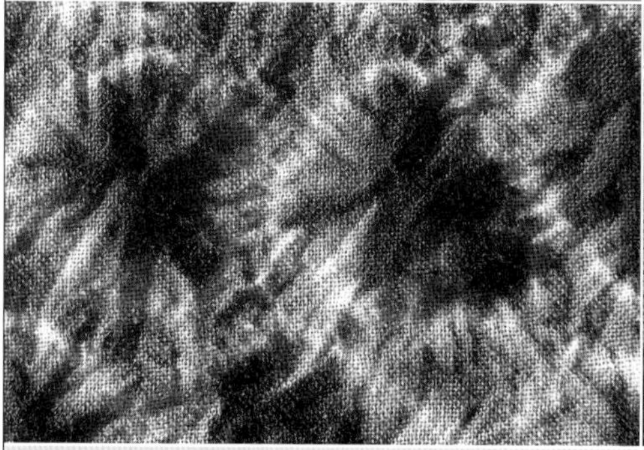

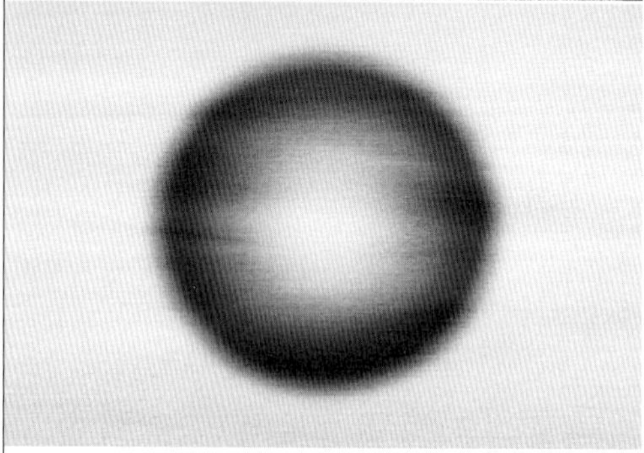

参のツボ

絞りに指先の感覚を味わう

上：錦絵に描かれた三浦絞り。三代目歌川豊国画（江戸後期、安藤宏子氏蔵）／中右：三浦絞りの浴衣／中左：揃った文様のなかの微妙なゆらぎが三浦絞り特有の味わいを生み出す／下：絞りの特徴である「にじみ」は立体的な視覚効果をもたらす。にじみのない場合（右）にくらべ、にじみのある場合（左）のほうに奥行きが生まれるのがわかる

「しぼ」に現れる作り手のぬくもり

この『尾張寛文記』は、延享二年(一七四五)の記録。元禄九年(一六九六)時点との比較、また衰退しはてた豊後との対比をしながら、「村中が紺屋」というほど絞り染めが全盛を極める当時の有松の様子が、浮き彫りにされている。

伝統の技は、今も伝えられている。斑点文様をつくるための小さな絞りが、職人の経験と指先の感覚だけでつくられていく。

四十年にわたって三浦絞りのデザインを手がけてきた、絞り作家の竹田耕三さんは、つぎのように話す。

「三浦絞りの魅力と申しますのは、ひとつずつの形が揃ってはいるのですが、それが微妙に不揃いであり、その不揃いのところに藍の染料がにじみ込んで、本来は平面的な着物を立体的に見せる。そういう要素がございます」

実際に比較して見てみよう。同じ丸い形のデザインでも、にじみがない場合は平面的に見える。そこににじみのグラデーションが入ると、ぐっと奥行きが生まれる(右ページ下)。

さらに布が立体的に見えるのは、もうひとつ秘密がある。それは、布を絞ったときにできる皺、「しぼ」である。ひとつひとつの斑点が持つ「しぼ」が細やかな陰影をつくり、立体感を生み出すのだ。着物を着たとき、この「しぼ」が体の動きに合わせて、さまざまな表情を見せる。

「絞りのこだわりは、括った皺、『しぼ』といいますが、それをあえて残すことにあります。そのことで、自然な風合いが出るということと、何より、作り手の指先の感覚、手のぬくもりとでも申しますか、それが着る人に伝わるわけです」

竹田さんはそう語る。

作り手の指先の感覚まで伝わってくる、藍の絞り染め。表面の皺にも触れて、直にそのぬくもりを感じてみたい。

ひとつの色が豊かに広がる。
その美しさは藍あればこそ

帽子・折縫絞り 藍と山桃染 のれん 片野元彦作

column

阿波藍を守り通した人たち

藩の石高を倍増させるほどの勢いを見せた阿波藍の隆盛は、明治初期にインド藍が輸入されるようになっても簡単には衰えなかった。陰りが見えるのは、明治後期。ドイツから安価な化学染料が入ってきて、阿波藍の需要が一気に落ち込んでいった。栽培農家も藍師も、多くは転業に追い込まれた。さらに、第二次大戦中となると、食糧増産のため、藍を栽培することそのものが禁じられたのだった。

そんな状況下、伝統を守り通したのが、本編にも登場願った佐藤昭人さんが十九代目を引き継ぐ佐藤家だった。とくに、昭人さんの祖父・平助さんの苦労は並大抵ではなかったという。

平助さんは、私財を切り売りする一方、酪農で現金収入を得ながら、藍づくりを続けた。戦時中は、阿波藍の品種のなかでも最上といわれる白花小上粉の種を絶やさぬよう、姪の岩田ツヤコさんに依頼し、秘かに山のなかに種を蒔いては新しい種を採取していた。警察や憲兵の目を盗んでの、懸命の作業だった。

その頃の平助さんは、

「絶対にいつか藍染めの時代が帰ってくる」

と、口癖のように呟いていたという。

十九代目の昭人さんは、そんな平助さんや父・儀一さんのもとで、数え十歳から藍づくりに取り組んできた。燕が飛んできたら種を蒔け。庭先の立葵の一番上の花が咲いたら、梅雨が明けるから刈り入れの準備。葉藍をスクモにするのは、赤ん坊を育てるようなもの——そうした教えが、身体の髄にまでしみ込んでいる。

祖父、父亡きあと、昭人さんが守り通してきた阿波藍の技術と心は、今、二十代目となる長男の好昭さんに受け継がれようとしている。

藍染めに魅せられて

松岡未紗（きもの研究家）

まつおか・みさ　岐阜県生まれ。藍染め研究会「学舎 青藍」主宰。名古屋市教育委員会による調査をはじめ、国内外の民俗調査に衣服担当として参加。また、一九八〇年より独自に全国をめぐり、衣に関わる伝説などを調査・取材、その成果を『衣風土記』全四巻（法政大学出版局）にまとめた。二〇〇五年には岐阜市歴史博物館の特別展に収集した藍染め四百点を出品、同博物館との共編著による『JAPAN BLUE 藍染めの美』（岐阜新聞社）を上梓した。

藍爽やか

わが国における藍染めは、大和時代から奈良時代、中国より蓼科一年草蓼藍（たであい）が栽培法、染色技法とともに伝えられたことに始まる。持統天皇四年（六九〇）の冠位制の位（くらい）色（いろ）に深縹（はなだ）、浅縹、養老衣服令（七一四）の服色には紺、縹、延暦十三年（七九四）桓武天皇の世に織部司（おりべのつかさ）所属の品部に藍染三十三戸、倭国（大和）二十九戸、近江国四戸と記され、延長五年（九二七）の延長式には乾藍を庸（よう）として地方より都に送る規定など、藍に関する項目がしだいに歴史の表に現れてくる。

インディゴという成分を含む染草は世界各地に分布し、蓼（たで）藍のほかにもキツネノマゴ科の琉球藍、アブラナ科の大青（たいせい）、マメ科のインド藍などと種類も多い。渡来した染料植物のほとんどが薬用、衣服用、観賞用であったなかで、藍は仏教修行に必要な宗教用（紺地金泥（きんでい））の紺地紙を染めるためもあって、全国的に栽培奨励されていた。

古代エジプトやローマ、インド、中国のはるかな時代の人たちも糸と布を藍に染めていたと歴史は語る。それぞれの民族に共通しているのは、藍に秘められた想いがあるように思われてならないことである。

わが国でも渡来当初、藍は夏場三か月の太陽熱を利用

型染 夜具地 澪つくしと鳥文様(筆者蔵)

した染色法であった。深草の緑葉を糸や布に摺りつけたり、汁液に浸したのち、空気に触れさせる。緑色であったものが、たちまち爽やかな青色へと変わる色の変化に現代人も感動するが、古代人たちはさぞ驚きの目で見つめ、尊い色として身につけたのではないかと考えてしまう。

むかし、むかし、ずっとむかしのことです。

山の神様オオヤマツノ命の妹娘コノハナサクヤ姫という美しい女神様が侍女たちと野原で花摘みを楽しんでおられました。そのとき、一羽の白鳥が女神様の足許にうずくまりました。よく見ると羽に矢が刺さり血が流れています。傷が痛いのか白鳥は目を閉じたまま動きません。哀れと女神様は侍女に手伝わせ、まず矢を抜き傍らの草の葉で血を拭い、草の汁を注がれますと、緑色の汁は傷口から溢れて、不思議なことに爽やかな青色となって白鳥の羽を彩りました。女神様と侍女たちは思わず驚きの声をあげました。「まあ、美しい」と。優しい手当てをしてもらって痛みも和らいだのか白鳥は、青に染まった羽を静かに羽ばたかせ、女神様たちの周りを二度三度、別れを惜しむように廻り、感謝の鳴き声をあげつつ空高く舞い上がっていきました。白鳥の羽を美しく彩ったのは藍草だったのです。女神様はそれで糸や布を染めよと、天から教えられたと悟られ、人びとに藍の草染めを伝えられたそうです。

古代人が縹と名づけた青色を、後世の人は花田、花色として愛し続けている。紺は縹より濃く、さらに濃い色が褐色で、この呼び名の響きが鎌倉、室町時代の武家社会に好まれたのは、縁起づけの意も加わっていた。その時代から藍染めの技法も、スクモ生産の考案、人工加熱の工夫など、温度調節が可能となる。通年で染色ができるようになり、紺掻女と呼ばれた女の仕事が男仕事へと変わっていく。需要が多くなるのは木綿生産が奨励される江戸中期からで、藍染めをする専業紺屋が全国の村々で必要とされていった。

藍と木綿の出会いは甕覗き、水色、水浅葱、濃浅葱、空色、露草色、淡納戸、濃納戸、浅縹、濃縹、花色、花紺、紺、勝色、褐色など豊かな色相を誕生させ、糸染め(先染め)の縞、格子、絣、後染めの筒描、型染、無地染に良き色が残り現代に伝えられている。

在位五十年の徳川十一代将軍家斉が好み、納戸に同じ色を積み上げたと伝わるのが納戸色。鴨川納戸、橋立納戸、鉄納戸、藤納戸、深川納戸、大内納戸、高麗納戸と個人好みのような呼び名も残るから、上流階級も庶民も好んだ色なのだろう。

しかし、徳川幕府がたびたびの奢侈倹約令で色彩までも取り締まったため、その厳しさをかいくぐるように、藍の色相は生まれたのかもしれない。また、藍を下染めして他の植物染料(刈安、山桃、石榴、紅花、蘇芳、梔子など)を重ねれば、絹、木綿、麻の布地によって微妙に色が変わり、おびただしい色相となる。藍草は青を含む色には欠かせぬ貴重な染料植物である。日本人の美意識の見事さは、時代背景を巧みに捉え、時の流行色を伝え残す。江戸期の四十八茶(藍媚茶、藍どめ茶、お納戸茶)、百ねずみ(藍ねずみ)と藍の三色を基調とする色は現代でも粋で洒脱といわれる。それにしても色の名づけ方にも感心するばかりである。

むかし、むかし、ある村につつましく暮らす母子が住んでいました。村祭りがもうすぐなのに息子に晴れ着を買ってやれない母親は、あることを思いつき息子に「紺屋で遊んできな。藍瓶にドボンと飛び込んでもいいよ。誰かが助けに来ても知らん顔で、おっ母あが助けに行くまで瓶のなかで待ってるんだよ」。少しのんびりした息子は白地のきものを着せられて、いつもは危ないと叱られて近づけない紺屋に喜んで出かけ、母親に言われたとおりドボンと音をたてて藍瓶に飛び込みました。助けようとする人たちの手を逃れながら息子は叫びました。「おっ母あ、まだか、まだかよう」。頃合いをみて駈けつけた母親は「大変だあ。うちの子が瓶に落ちた。さあ、この手につかまりな」といいつつ、息子を助ける振りをして自分も瓶に飛び込んでしまったのです。こうして母子はめでたく祭りの晴れ着を着ることができました。すぐに母親の胸のうちを察した紺屋の主人は、苦笑いしていたそうです。

むかし、むかしに縹色、千草色という美しい藍染めが流行し、村々の女たちは花色木綿と呼んで、その色のきものが着たいと憧れていました。ある村のある日の夕暮れ、木戸を閉めようとしている呉服屋さんに、色白の

刺子 胴着 鯉文様 衿小絣(筆者蔵)

かわいい娘さんが「花色木綿、一反ください」といって、村はずれにあるお寺の通帖(かよいちょう)を差し出しました。店の者はお寺にこんなかわいい娘がいたのかなと思いつつ反物を渡し、月末になって番頭さんが代金を受け取りにお寺に出かけますと、花色木綿を買った覚えはないし、寺には若い娘などおらぬと叱られましたが、帖面にはたしかに書入れがあると番頭さんもゆずらず、和尚さんと押し問答がくり返されているとき、「みなさん、早くはやく来てください」と山に薪を取りに出かけたはずの小僧さんの声がします。「なんだ、なんだ」。和尚さんも番頭さんも飛び出し、小僧さんについて裏山に駈け出し、指差される木立のなかを見て驚きました。白い狐が一匹、花色木綿をからだに巻きつけて、楽しそうに踊っているのです。「あっはっはっ……。わしの負けじゃ。あの狐はたしかにこの山に住んでおる。山は寺のものとすれば、寺の住人が買ったことになる。やっぱりわしが花色木綿の代金を払わねばならんのう」。和尚さんの声が聞こえたのか、白狐は嬉しそうに踊り続けたそうです。

三つの民話は絵本『藍むかしむかし物語』十話のなかから選んだ話である。二言三言を残し消えかけた話を、良き色に染めたい、良き色が着たいと願った人たちの想いに囁かれ、筆者がよみがえらせた。第一話は、いつ、どこで、誰が、という誰もが抱く藍染めにまつわる問いを、女神に預けることでさらりとかわしている。このほかにも、良き色は水神(すいじん)、猿田彦(さるたひこ)、愛染明王(あいぜんみょうおう)、旅の僧侶に教えられたと伝える。第二話は、人間の願望が母の愛情でかなう。祭ばやしが聞こえてくるかのようである。第三話は、華やぎの色が禁じられた時代にあっても、流行色に憧れた人たちがうかがえ、ほっとして嬉しくなってしまう——。

藍は他の色を重ねても良き色を出し、自らも数多くの色相を持ち、どの色にも調和して争わない。藍はいかなるときも自らを失わず、穏やかで、爽やかな色である。

藍染め文様百科

藍染めは江戸中期に木綿と出会い、明治期まで全盛を誇ったといっても過言ではない。そのなかで素晴らしい色相とともに、この時代ならではの独特な文様も誕生している。それは粋で洒脱でもあるが、幕府の倹約令といった時代背景や歌舞伎によせる人の心などを巧みに取り入れ、のみならず中国の故事、季節感まで溢れさせ、さらりと人間の願望を託し続けている。

わが身だけではなく、わが子に孫に一族が繁栄するようにと込められた想いは果てしない。文様（柄）を木綿に写すとき、染初めの名乗りが判らず困惑することもしばしばある。独自に名称をつけているが、判らぬときは布と何か月も向き合うと、布から教えられることが多い。そうした文様について少し解説してみよう。

絵絣 銭の木文様（筆者蔵）

筒描、型染を後染めという。糊を入れた筒で文様を描く筒描は、絵心のあるなしにかかわらず、江戸期の題材はのびのびと美しく、発想が楽しくて見飽きない。見本帖はないだろうに、注文主の心に応えようと懸命な様子が浮かんでくるのである。ときには会話すら聞こえもする。江戸後期には文様に色が加わるものが多くなり華やぎが添えられていくが、反面、家紋のみと素朴なものもある。

型染は筒描の世界とちがって手早く量産も可能で、人びとは文様選びに夢中となり、村々の紺屋も糸染紺屋と区別されていった。型紙も四寸送りの文様が一尺あまりに彫られるようになり、やがて藍の濃淡だけでなく色さし布が好まれて明治、大正期を迎える。

中、小文様はきもの地用で、男性の下着・半襦袢（はんじゅばん）は小紋（こもん）柄。女、子供のきもの・半襦袢は帯、腰巻、前掛け用も小紋柄が多いが、きものは何度も仕立て直されたのち、夜具、下着、仕事着、おむつ、雑巾、裂織（さきおり）、蚊いぶしなどに使い果たされて、現存するものは少なく残念であるのに対し、夜具地は保存されていて現代でも見かける。家宝です、と拝見させていただくたび、染職人、注文した人、持ち主、まもってきた人たちの想いを偲（しの）んで衿を正すことが何度もあった。
縞、格子は経、緯、格子を「三種の縞」といい、明治期から縞の字を使う。常着から晴れ着にいたるまで、縞の文様に明け暮れた時代もあって、「縞に始まり縞に終わる」との言葉を残すほど極まりのない織柄である。
絣は大中小の幾何絣があり、小・中絣を男、女、子供のきもの地とし、大絣を夜具地とする。明治期に考案された絵絣は、幾何絣と組み合わせて一巾の大柄が夜具地となり、一巾に同じ文様が二列並ぶ絣は子守半纏用であった。四巾、五巾いっぱいに文様を織り出す特別な絣もあり、絵絣はその文様が楽しい。男の子、女の子の誕生で賢くなれ、強くなれ、美しくなれ、優しくなれと願ったのは父母か祖父母か——。それに中国の故事に何を願ったのだろう。信仰も時代の流れもすべて、文様とした人、それを選んだ人たちの想いは生き生きと布にこもる。糸染めから織る縞、格子、絣を先染めという。

植物文様

草花、樹木すべての生命力を布に写せば、長寿、吉祥、繁栄かなうと、昔人は仏教渡来とともに伝わった花をも日本化し、その数はわが国の文様の半数を占めるといわれる。
菊、牡丹、桜、梅、松、竹、笹、桐、橘、柳、藤、葵、萩、卯の花、あやめ、かたばみ、すすき、芦、ひょうたん、丁字、唐花、蓮華、宝相華、蔦、鉄線、桔梗、朝顔、唐草

動物文様

十二支など人と関わりあう動物が描かれる。空想動物が秘める寿力、権力、福徳などこもる文様を身の近くに置けば良きこと必ずかなうとまで信じられた。人間に願望を託された動物たちは、動きがあるだけに、眺めているとその世界でいつしか遊んでいるが、宝を背にした生き物たちを見ると、重くはないかと切なくなってくる。
鳥—鶴、鷺、鷹、孔雀、雁、千鳥、燕、鶯、鶏、おしどり、こうもり
魚—鯉、海老、蟹、貝
虫—蝶、とんぼ
獣—虎、亀、馬、ねずみ
空想動物—龍、鳳凰、唐獅子

幾何文様

古代人の暮らしから始まる線、点、角、円の

文様は、現代まで絶えることなく伝わり、吉祥はもとより魔を祓うと信じられた。縁起頼みの文様として活躍する。

亀甲、毘沙門亀甲、沙綾型、菱、松皮菱、蜀江、丸紋、麻の葉、市松、鱗、七宝、渦、青海波、網代、サの字、キの字、井桁、格子

器物文様　心豊かな暮らしを願うのか、生活の隅々まででも文様とした。身にそってもそわなくても願えばよいと思ったのだろうか、じつにさまざまな物が文様化されている。

檜扇、扇、扇面、軍配、うちわ、福槌、福袋、熨斗、傘、笠、帽子、書物、巻物、茶道具、香道具、盃、紐、釘、錨、かぶと、矢羽根、鍵、銭、琴、笛、筆、硯、炭籠、花器、旗、そろばん、ほうき、熊手、管、短冊

文字文様　漢字、平仮名、片仮名、英語が祝事、縁起、願望、信仰などに事寄せられ、絵解き文様のように思われる。人名は所持を明記するためと思う。

千年万年、長寿、寿、万歳、日本、泉、福、福田、春雨、鶴亀、大祝、大山、つる、文、ト、なり多、漢詩、人名、ラグビー（英語）

人物文様　福を授ける海の神、田の神に、わが家わが子の長寿と繁栄をたのむようで、いつの世も親の愛は尊くありがたいと布に語りかける。

大黒様と大根、大黒様と米俵、恵比寿様と鯛、福助、猩々、琴高仙人、菊慈童、竜宮城、三人囃子、姥と尉、小野道風、小野小町、西行法師、軍人、野球少年

風景文様　自然界の季節の移り変わり、気象の変化までが文様として活かされ、人物、植物、動物を配して染と織の世界に描く。

庭園、松と月、雪と払鶴、日の出鶴、城（松山城、熊本城）、牡丹鉢鑑賞、万年青鉢鑑賞、山、竹林、梅林、破れ傘と燕

蓼藍を必要とした歳月は長い。その期間に送り出された文様はおびただしい数で、くり広げられた世界は想像も及ばない。まだまだ学ぶことが多い。［貞］

縫杢目　白目（絹地）

藍染め・作品展のお問い合わせ先

不定期に催される作品展で藍染めの名品をご覧になることができます。
企画展、特別展の詳細は下記までお問い合わせください。

日本藍染文化協会事務局

住所——— 京都市東山区祇園町南側 570-112
電話——— 075-533-3054
受付時間—— 10 時～ 21 時
休業日—— 12 月 29 日、30 日

参考文献

『藍』　竹内淳子、法政大学出版局、１９９１年

『藍Ⅱ』　竹内淳子、法政大学出版局、１９９９年

『日本の絞り』　安藤宏子、京都書院、１９９３年

『日本の伝統文様事典』　片野孝志、講談社、２０００年

『藍染と唐草模様』　堀江勤之助、中日出版社、１９７８年

『染織』　福井貞子、法政大学出版局、２００４年

『小泉八雲』　田部隆次、北星堂書店、１９８０年

『草木で染める』　村上道太郎、大月書店、１９８７年

『奈良県の歴史散歩』　奈良県高等学校教科等研究会歴史部会編、山川出版社、２００７年

『日本の藍』　日本藍染文化協会編、日本放送出版協会、２００２年

「季刊銀花」　文化出版局、２００１年６月号

「ミセス」　文化出版局、２００３年２月号

「潮」　潮出版社、２０００年７月号

「アサヒグラフ」　朝日新聞社、１９９８年１２月１１日号

「新潮45」　新潮社、２０００年１２月号

番組制作スタッフ・協力者（敬称略）

案内人――――谷　啓
ナレーション――――髙橋美鈴アナウンサー
題字――――紫舟
資料提供――――横浜開港記念資料館　たばこと塩の博物館　小泉八雲記念館
雅織工房　笠仙
撮影――――高橋　皓
照明――――石田　厚
音声――――上保好則
音響効果――――井田栄司
編集――――大橋冨美子
ディレクター――――鈴木　浩
制作統括――――紙屋　聡　田島　徹
共同制作――――NHKエデュケーショナル
制作・著作――――NHK

本書編集スタッフ・協力者（敬称略）

編集協力――長谷川誠司
㈱NHKエデュケーショナル
amana
校正――鶴田万里子
撮影協力――竹田耕三　松岡未紗
撮影アシスタント――三宅祐介（AURA）
プリンティングディレクション――稲川芳雄
DTP制作協力――㈱ローヤル企画
㈱NHKアート

カバー――木綿絽地　巻縫絞り　単着物　片野元彦図案、竹田耕三作（部分）

1P――縫杢目　染上り品（絹地反物）

2P――右　無地染　無地布綴、縞　着物地　五十枚綴
中　筒描　夜具地　鶴丸と橘文様（部分）
左　三浦絞り（横三浦）のしぼ作り

目次――木綿絽地　折花絞り　市松文様単着物
竹田耕三作（部分）

＊9、16、22、34、39、47、54ページの写真は、番組の静止画像です。

【撮影】鈴木心（すずき・しん）

写真家。一九八〇年、福島生まれ。二〇〇五年、東京工芸大学芸術学部写真学科卒業。現在、アウラ（AURA）所属。個展「under construction site」「サテライト」などを開く。〇五年、平遥国際写真芸術祭（中国）に参加。賞歴には、〇四年「エプソンカラーイメージングコンテスト藤原新也賞」、〇五年「第24回ひとつぼ展 写真グランプリ」、「第28回写真新世紀佳作」などがある。

ホームページ http://www.shinsuzuki.com

【題字】紫舟（ししゅう）

書家。六歳より書をはじめる。書の文字を表現する力は、必ず世界に通用すると信じ、ハリウッド映画の題字を目指す。主な仕事に、朝日新聞夕刊週連載「いい名」、同webアスパラクラブ連載「一語一会」、浜崎あゆみミュージックフィルム「月に沈む」題字、「ベネチアビエンナーレ2005企画展」出展、ライブ常設展示などがある。

ホームページ http://www.e-sisyu.com

NHK 美の壺（つぼ）

藍染め

2007（平成19）年10月25日　第1刷発行

編者――NHK「美の壺」制作班

©2007 NHK

発行者――大橋晴夫

発行所――日本放送出版協会（NHK出版）
〒150-8081 東京都渋谷区宇田川町41-1
電話 03-3780-3318（編集）
0570-000-321（販売）
http://www.nhk-book.co.jp
振替 00110-1-49701

印刷・製本――大日本印刷

造本には充分注意しておりますが、乱丁・落丁本がございましたら、お取り替えいたします。
定価はカバーに表示してあります。

Printed in Japan ISBN 978-4-14-081208-2 C0372

ＮＨＫ美の壺　第1期　全10巻

ＮＨＫ「美の壺」制作班編

古伊万里　染付

【壱のツボ】初期伊万里は指跡のぬくもり
【弐のツボ】青は枯淡を味わえ
【参のツボ】白は濁った米のとぎ汁
【四のツボ】唐草は線を見よ

盆　栽

【壱のツボ】盆栽には悠久の時が宿る
【弐のツボ】一木（いちぼく）に大地を見よ
【参のツボ】最後の仕上げは鉢映り

アールヌーヴォーのガラス

【壱のツボ】花や虫より素地が主役
【弐のツボ】光がつくる　いくつもの顔
【参のツボ】小品でドームに並ぶものなし

良寛の書

【壱のツボ】すべてをかなのように書く
【弐のツボ】ずれとゆれを楽しむ
【参のツボ】弱さに強さがある

魯山人の器

【壱のツボ】器と料理の響きあいを楽しむ
【弐のツボ】器に書の至芸を見る
【参のツボ】自在な作陶ぶりを味わう

瓦屋根

【壱のツボ】まだらに悠久の時をしのべ
【弐のツボ】反りの曲線を味わえ
【参のツボ】飾り瓦にこめた願いを探れ

李朝家具

【壱のツボ】清雅と簡潔を見いだせ
【弐のツボ】適材適所の技を見よ
【参のツボ】馴染みを味わえ

明治の洋館

【壱のツボ】洋館の醍醐味は〝階段〟にあり
【弐のツボ】洋館の中の〝和〟を楽しむ
【参のツボ】優れた左官の〝技〟を味わう

根　付

【壱のツボ】極意は〝小さく丸く〟
【弐のツボ】粋な遊び心を楽しむ
【参のツボ】〝なれ〟を味わう

表　具

【壱のツボ】勝ちすぎず　引き立てる
【弐のツボ】裂が生みだす時の味わい
【参のツボ】達人の美意識を味わう